NAPOLÉON BONAPARTE,

CONSIDÉRÉ SOUS LE RAPPORT

DE SON INFLUENCE SUR LA RÉVOLUTION.

1821

NAPOLÉON BONAPARTE,

CONSIDÉRÉ SOUS LE RAPPORT

DE SON INFLUENCE SUR LA RÉVOLUTION;

Par M. Bigonnet,

ANCIEN DÉPUTÉ.

Deposuit aliena, ascendit unus.

PARIS,

A LA LIBRAIRIE CONSTITUTIONNELLE,

CHEZ BRISSOT-THIVARS,

RUE CHABANNAIS, N° 2.

1821.

Celui de BONAPARTE est dans ce cas plus qu'aucun autre, à raison des différens jours sous lesquels il est apparu, ainsi que de l'enthousiasme et des anxiétés qu'il a procurés à son siècle.

C'est à la postérité, devant laquelle il disait *se tenir toujours en face*, à arrêter ses véritables traits, et à déterminer, d'après tout ce qu'elle aura pu recueillir sur une existence aussi étonnante, ce qu'elle aura eu en effet de plus important, et si elle fut utile ou fatale au genre humain.

L'on peut donc, jusqu'à ce que ce jugement redoutable soit rendu, ne pas le regarder comme descendu du ciel, ainsi qu'a pu l'avancer une hypocrite adulation, et ne le considérer que comme enfant de la terre, livré aux forces comme aux faiblesses humaines, combinées avec les vices de l'état social, et les résistances opposées à son perfectionnement.

L'on pourrait encore envisager son action puissante sur les destinées du monde moral et politique, sous l'aspect de ces imposans météores,

dont les effets inspirent toujours une sorte de stu-
peur, se mêlant avec une secrète admiration, et
qui ont toutefois leurs places dans les décrets
d'ordre éternel destinés à réparer et entretenir
les forces de la nature.

Celui qui l'aurait observé ainsi , et sans avoir
pris aucune part aux perturbations occasionnées
par la violence et la rapidité de son cours, pourrait inspirer quelque confiance en sa justesse,
eût-il, en différens temps , exprimé des opinions
différentes sur ce prodige de nos jours : l'effet
naturel de la constance dans les principes étant
de juger les hommes selon ce que leur conduite
peut y avoir de conforme ou de contraire, les
sentimens qu'ils inspirent doivent conséquem-
ment être soumis aux variations qu'elle peut
éprouver.

Cette règle, qui nous paraît constituer la véritable impartialité, est surtout prescrite en politique, où des préventions , quoique les mieux
fondées, doivent toujours céder à des considérations d'intérêt général, sous peine de se priver

souvent de services les plus importans ; et en en cherchant un exemple dans l'ordre élevé qui nous occupe, nous trouverions, sans que néanmoins l'application en soit rigoureusement exacte, que si les bienfaits d'Auguste eussent été repoussés parce que ses premiers pas avaient été marqués par l'injustice et la cruauté, Rome eût perdu, non son plus honorable, mais son plus beau siècle.

NAPOLÉON BONAPARTE,

CONSIDÉRÉ SOUS LE RAPPORT

DE SON INFLUENCE SUR LA RÉVOLUTION.

PREMIÈRE PARTIE.

Les causes principales qui ont amené la révolution ont été l'objet de tant de recherches ; elle avait d'ailleurs été si clairement annoncée par tant d'hommes éclairés du dernier siècle, et même si justement pressentie par le monarque indolent, dont le vœu de chaque jour était d'en retarder la crise générale jusqu'à la fin de son règne, qu'il serait inutile, pour le but que nous nous proposons, de chercher à l'expliquer, et de vouloir encore moins la condamner ou lui applaudir : elle appartient au temps, dont la fuite éternelle et rapide ne permet, pour ainsi dire, de lui demander aucun compte.

Ce ne sera donc pas dans les droits de la nation, si formellement reconnus et consacrés par le magnanime Carlovingien; ce ne sera pas dans les croisades, par l'effet puissant qu'elles ont eu sur la civilisation; ce ne sera pas dans les réformes apportées à la religion du Christ, jadis dominante, et préparée aujourd'hui à s'unir et s'épurer dans les sentimens de piété et de charité philanthropiques de son fondateur; ce ne sera pas dans l'invention de l'imprimerie, de la poudre et de la boussole, ni la conquête qu'elles ont procurée d'un nouveau monde; ce ne sera pas non plus dans l'état des mœurs et des finances sous nos derniers règnes, ni dans le progrès des sciences et des arts qui les a si éminemment distingués, ni dans les rivalités qui se sont élevées entre les ordres de l'état; ce ne sera pas, enfin, dans l'exemple d'un peuple voisin, ni dans son aveugle haine et ses vengeances, excitées par notre participation directe à l'émancipation de sa plus importante colonie; ce ne sera donc à aucune de ces particularités, mais c'est à leur enchaînement, à leur concours et à leur force entraînante que la France doit, après avoir offert, dans un court espace de temps, plus d'événemens remarquables que n'en fournirait l'histoire de plusieurs siècles, de se trouver encore destinée à donner au monde un dernier exemple, le plus utile sans doute, en affermissant son existence sur les principes qui ont décidé son premier élan *d'indépendance et de liberté.*

Quelles causes se sont opposées, quels moyens ont concouru à cette fin depuis trente années? que reste-t-il à faire pour amener le dénoûment de ce drame politique, dans lequel toute l'Europe est venue se mettre en scène par un esprit d'opposition dégénéré en vertige, et qu'une force supérieure a fait entrer dans le même intérêt?

C'est ce que nous ne nous proposons pas d'examiner : nous ne voulons nous attacher qu'à un seul point, n'embrasser qu'un seul temps; c'est celui où Bonaparte a exercé une action personnelle sur la révolution, afin de déterminer, autant qu'il nous sera possible, la nature de cette action, ainsi que l'effet qu'elle a pu produire sur l'ensemble des intérêts Européens.

Nous commencerons par reconnaître que c'est au moment où le parti royaliste, agissant ouvertement à l'étranger, et par tous les moyens indirects qu'il pouvait employer dans l'intérieur de la France pour s'opposer à l'établissement du gouvernement républicain, tout récemment et uniquement sorti de la résistance aux réformes reconnues indispensables pour le maintien de

notre ancienne monarchie ; que c'est à ce moment, disons-nous, qu'un jeune homme, lié
plus particulièrement à ce système par sa naissance et son éducation, parut dans cette arène
où les partis se livraient à l'envi à toutes sortes
de violences et d'injustices.

Il s'y fit remarquer d'abord par un esprit ardent, quoique méditatif, beaucoup de fermeté
de caractère, une ténacité extrême, et par des
sentimens tout révolutionnaires, les seuls au surplus qui pussent favoriser son avancement ; car
le rétablissement de l'ancien régime, possible
encore à cette époque, l'eût, sans nul doute, re-
poussé brusquement des rangs. Son propre intérêt le portait donc à se lier fortement à la révolution et à favoriser ses progrès, bien assuré
d'en retirer de grands avantages s'il se trouvait
supérieur à ceux qu'il rencontrerait courant la
même carrière.

La flatterie s'est étendue avec assez de complaisance sur les habitudes de son premier âge,
jusqu'à lui rappeler les jeux de son enfance,
qu'il avait probablement oubliés, pour que nous
ayions dû nous dispenser de nous en occuper ; l'on
pourrait y retrouver peut-être quelques germes
du caractère et des talens qu'il a montrés ; mais
ce qu'il eût été impossible de prévoir, ce sont

les circonstances extraordinaires qui ont contribué au développement de ses dispositions,
et l'ont porté à un si haut degré d'élévation.
Nous pouvons donc, sans diminuer de l'intérêt
qui s'attache à son existence, passer à l'époque
où elle a commencé à être vraiment remarquable.

Le siége de Lyon, celui de Toulon, qui le sui-
vit de près, furent les premières occasions qu'il
eut de se montrer. Il se distingua surtout à ce
dernier, de manière à parvenir rapidement aux
grades supérieurs; et il se trouva bientôt à portée, au milieu des états-majors, de reconnaître
où en étaient les choses, et ce que valaient les
hommes.

Il dut en effet juger, dès cet instant, que si le
patriotisme de l'armée était aussi ardent que sin-
cère, les lumières et les talens ne s'y rencontraient
pas, à même hauteur, parmi des chefs qui, d'ailleurs, n'avaient encore eu, pour la plupart, aucune occasion de faire preuve de la bravoure et
du dévoûment qui les animaient tous. Cette ré-
flexion ne put donc lui échapper : que s'il par-
venait jamais à maîtriser des forces aussi redou-
tables, tout lui deviendrait possible.

Il ne lui était pas permis toutefois de s'écarter
de la direction donnée ; il devait au contraire la
suivre attentivement; ce qu'il fit en effet avec une

ardeur si remarquable qu'il ne put éviter, après l'événement mémorable du 9 thermidor, d'être déclaré *suspect* par le grand épurateur Aubri. Il fut donc honoré d'une destitution dont il n'avait encore pu se faire relever, lorsqu'on le vit accourir à la défense de la convention nationale, menacée par le parti royaliste, qui se crut assez fort, le 13 vendémiaire, pour marcher à découvert.

Ces deux révolutions n'ont pas besoin d'être retracées ici : chacun sait que la première avait fait justice de l'ombrageuse tyrannie de Robespierre, et qu'à l'instant même il s'éleva une nouvelle faction, formée des débris de la terreur, non moins cruelle, non moins sanguinaire qu'elle, et dont les excès allaient l'atteindre bientôt elle-même.

La convention, dominée entièrement par cette faction héritière de l'esprit remuant et ambitieux de la Gironde, sans avoir succédé à l'élévation de ses vues et de ses talens, s'empressa de chercher un abri contre la violence des reproches et des vengeances qu'excitaient contre elle le souvenir de la terreur et les horreurs récentes de sa réaction.

La constitution de l'an 3 fut donc présentée à l'acceptation du peuple; c'est ce qui donna lieu, à Paris, aux mouvemens insurrectionnels qui se manifestèrent dans quelques sections , et à l'attaque à force ouverte qu'éprouva la convention le 13 vendémiaire.

Il est bon de remarquer, pour se faire une idée de ces temps déplorables , qu'un grand nombre de victimes de la réaction qui se trouvaient entassées dans les prisons de la capitale, furent appelées à défendre leurs oppresseurs !... Quelle situation ! Mais il s'agissait de la représentation nationale , ils ne balancèrent pas ; ils échangèrent leurs chaînes contre des armes , et vinrent se ranger sous le commandement de Bonaparte pour la sauver, pour se sauver eux-mêmes du double danger auquel ils se trouvaient exposés.

Ce sont, au surplus, les preuves de dévoûment que donna Bonaparte dans cette circonstance qui en fit son point de départ le plus remarquable ; ce fut là l'étrier de son équipage de bataille ; il ne lui fallait plus qu'un champ plus vaste, des ennemis autres que des Français , et plus forts et plus acharnés... Ils vont bientôt se présenter.

Cependant , le gouvernement constitutionnel qui venait de s'établir n'inspirait guère plus de confiance que les comités de la convention , dont il semblait n'être que le résidu : l'on y reconnaissait surtout *un* germe de tous les maux passés, et, nous le disons avec regret, il ne tarda pas à se développer.

Les armées avaient dû souffrir aussi des divisions qui avaient si cruellement déchiré la patrie; celle des Alpes surtout, abandonnée pour ainsi dire à elle-même, éprouvait depuis long-temps tout ce que les fatigues et un dénûment presque absolu peuvent occasionner de plaintes et de découragement. Cette situation affligeante était bien faite pour mettre en faveur un militaire qui n'aurait apporté à l'améliorer que des intentions et des moyens ordinaires : que devait-elle être, et que de facilité pour y parvenir à celui qui joignait une activité extraordinaire à la grande popularité qu'il venait d'acquérir?

Rien ne fut donc plus heureux pour Bonaparte que d'obtenir le commandement de cette armée; et ce qu'on peut assurer avec quelque fondement, c'est qu'il avait reconnu sans peine, d'après tout ce qui s'était passé sous ses yeux, que le sort de la république était déjà livré à la corruption et à l'intrigue, et qu'il ne devait la faveur qu'il venait d'obtenir qu'à l'intention de l'employer comme instrument dans des projets olygarchiques ou contre-révolutionnaires, couverts encore d'une apparence de patriotisme : il put les pénétrer assez pour se garantir du rôle subalterne dont on aurait voulu le charger, et le préparer de loin à ses protecteurs. Il leur cédait sans doute en habileté dans les mouvemens et les complots; mais il leur était bien supérieur en force d'âme et en pénétration; son secret était d'ailleurs à lui seul : les autres, au contraire, nourris dans les divisions et les excès dont ils s'étaient rendus solidaires, ne s'en redoutaient pas moins entre eux autant qu'ils craignaient les royalistes, et détestaient les amis passionnés de la liberté.

Le mérite, ainsi que le parti que l'on pouvait tirer de cet état des choses, ne purent échapper à la perspicacité de Bonaparte; il sentit bien aussi toute la facilité qu'il trouverait à obtenir une plus grande confiance encore de la part des républicains, dont l'énergie s'était naturellement affaiblie par les criminelles injustices dont les accablaient depuis long-temps les chefs de la république.

Il partit donc : rendu à son poste, où sa réputation, déjà grande, quoique naissante, l'avait précédé, il n'eut pas prononcé les mots de *patrie* et de *liberté,* que tous les cœurs volèrent au-devant de lui; l'enthousiasme et le courage de l'armée se ranimèrent; l'ordre se rétablit;

l'abondance fut promise en récompense de nouveaux efforts et de nouveaux sacrifices que les soldats s'imposèrent sans balancer : dès-lors, plus d'obstacles, plus de difficultés au mouvement imprimé au char de la victoire ; il se trouva bientôt porté du sommet des Alpes dans les plaines du Milanais, et de là, quelque temps après, sur les rives du Tibre, où la république, proclamée dans Rome, donna à ces faits militaires le plus grand lustre, et à Bonaparte une renommée qui lui permettait d'entreprendre davantage.

Nous n'avons pas la pensée de le suivre dans les brillans succès de la plus belle et la plus intéressante époque de nos fastes militaires ainsi que de sa vie. Quelle narration pourrait d'ailleurs avoir la rapidité et l'éclat de sa marche triomphale ? qu'il nous suffise de remarquer que sa réputation le précédait partout, lui soumettant toutes les volontés et lui préparant tous les genres de dévoûment.

Le patriotisme dans l'intérieur en acquit aussi une nouvelle énergie : chacun avait droit, en effet, de se glorifier d'appartenir à une nation que Bonaparte avait pu surnommer *grande* sans qu'on osât le désavouer. Sous quels auspices plus favorables pouvait-elle s'être constituée, et qui aurait pu entrevoir un terme à ses prospérités, si le gouvernement eût marché d'accord avec elle?

Mais les membres du directoire, auxquels les astuces de la diplomatie présentaient déjà l'espoir de se voir admis dans la congrégation des souverains de l'Europe, ne voyaient pas sans jalousie s'élever une aussi prodigieuse réputation; et par compensation de ce déplaisir inquiet, autant que par des insinuations et avec l'assistance d'émissaires de l'étranger, les républicains désignés sous des dénominations aussi ridicules qu'atroces ne cessaient de tomber, dans plusieurs départemens, sous le fer des *compagnons de Jésus* et *du Soleil*, organisés depuis le 9 thermidor. C'est encore contre eux que furent imaginées alors ces conspirations de police, dont l'art a fait d'assez grands progrès pour obtenir une place honorable dans la science d'état, et s'exercer depuis avec succès par des hommes qui se distinguent par là dans cette partie.

En nous exprimant ainsi sur le gouvernement directorial, nous ne prétendons pas adresser nos reproches à tous ceux qui en ont fait partie, à quelque époque que ce soit; nous nous empressons, au contraire, de reconnaître que des hommes d'un vrai mérite et de haute vertu s'y sont rencontré quelquefois, même en majorité;

mais que leur caractère malheureusement trop
faible et trop confiant rendait impuissans pour
lutter contre des intrigues et des trahisons our-
dies souvent par leurs propres agens.

Toutefois, Bonaparte ne pouvait voir avec in-
différence sacrifier les amis les plus ardens de la
liberté, et des forces aussi réelles se détruire.
C'est ce qui le détermina à envoyer de son propre
mouvement, et par le motif d'assurer ses derriè-
res, une division de son armée occuper le Midi
de la France; elle fut commandée par le général
Lannes, et destinée à arrêter cette horrible effusion de sang, qui devait toujours se répandre,
mais d'une manière moins déplorable et plus
convenable d'ailleurs aux projets de conquêtes
que Bonaparte avait assurément déjà conçus à
cet instant.

Son intention secourable fut entièrement rem-
plie : tous les patriotes de cette partie de la France
regardèrent avec le plus grand fondement le
vainqueur de l'Italie comme leur libérateur, et
il est certain qu'ils l'eussent appelé à la dictature
si ce pouvoir lui eût convenu, ou plutôt s'il n'eût
pas jugé qu'il avait encore besoin d'un plus grand
ascendant au dehors.

Il avait assez prouvé en effet aux ennemis de
la république qu'il savait les vaincre partout où

ils se présentaient au combat; mais il ne lui était pas moins important de s'acquérir un nom dans la politique, et une main protectrice tendue à la maison d'Autriche lui procura, par les préliminaires de Léoben, le double avantage de faire fléchir sous son épée l'une des grandes puissances de l'Europe, et de braver en même-temps le gouvernement de la France.

Cet action hardie, loin d'être condamnée par le directoire, fut consacrée au contraire quelque temps après par un traité solennel, monument de la plus grande trahison envers un peuple d'Italie, tout récemment appelé à la liberté, qu'il avait payée par toutes sortes de sacrifices.

Qu'importait, au surplus, à l'ambition de Bonaparte que son gouvernement fût avili, s'il devenait lui-même plus considérable, et qu'il ne lui fallût plus qu'une occasion que le parti royaliste lui fournit bientôt, pour faire passer ses ordres à ceux de qui il tenait ses pouvoirs.

Placés eux-mêmes dans une situation aussi critique que fausse, elle les rendait jaloux et craintifs : le passé comme l'avenir les inquiétaient également, et autorisaient toute entreprise contre-révolutionnaire dans laquelle on eût apporté quelque force de résolution.

Bonaparte en reconnut mieux, de loin, le

danger que le directoire lui-même ; et son lieu-
tenant Augereau fut chargé de se rendre à Paris
pour lever le nouvel obstacle que présenta le
18 fructidor, et sauver à la république un reste
d'existence.

Peu de temps après cet événement, dont le
résultat le plus important fut de suspendre encore l'effusion du sang républicain, il s'opéra un
changement dans la politique. La paix conclue
avec l'Autriche jeta le gouvernement dans une
fausse sécurité à l'égard de l'étranger, mais elle
augmenta ses inquiétudes sur l'ascendant qu'a-
vait pris Bonaparte. Il avait reçu de la victoire
le don d'une armée redoutable par sa force et
par l'esprit qui l'animait : la lui enlever n'eût
pas été sans péril ; et quoiqu'il eût témoigné le
désir, calculé sans doute, de prendre quelque
repos, un rappel par un motif, et fondé sur des
considérations de haute politique, fut le parti
adopté et exécuté sans obstacle.

Les proclamations énergiques que Bonaparte
adressa, en les quittant, à ses compagnons d'armes, annonçaient, au surplus, qu'il éprouvait
quelques contrariétés plutôt que de la fatigue ;
il le témoigna du moins lorsque, pour arriver à
Paris il fit un long détour, passant par Bâle,
Rastadt et Hambourg, où se trouvaient des réu-

nions ou agences diplomatiques, auprès des-
quelles il dut puiser des notions propres à éclai-
rer sa conduite.

Il vint donc encore fixer tous les regards et
occuper tous les esprits de la capitale. Le directoire le reçut avec une pompe et une solennité
affectées; il lui adressa par l'organe d'un homme,
le plus exercé que nous possédions dans le langage des cours, des félicitations dont l'emphase
ne pouvait couvrir entièrement l'équivoque.
L'attitude du héros de la fête fut noble et ré-
servée. Tandis qu'il observait tout, il était épié
à son tour; mais ce que chacun put apercevoir,
c'est qu'il fit à lui seul l'intérêt et l'éclat de cette
cérémonie.

Ce fut sans doute une raison de plus pour ceux
qui avaient facilité son élévation, et auquel il
était devenu si redoutable, de chercher tous les
moyens, non de le séparer de son armée, la chose
n'était pas praticable, mais de les éloigner ensemble, en leur offrant quelqu'appât brillant
dans une expédition hasardeuse.

L'Angleterre à révolutionner, l'Egypte à co-
loniser, furent offertes en même-temps à l'imagination ardente de Bonaparte; et l'on ne peut
douter que ce dernier projet ne lui fût insinué
de préférence, comme opérant une diversion au

profit de l'Angleterre, effrayée, avec trop de raison, d'une entreprise confiée à un tel homme, et dans les circonstances où elle se trouvait.

L'expédition d'Egypte avait encore l'avantage, pour les directeurs, de sauver plus complétement la résistance aux desseins olygarchiques ou contre-révolutionnaires que nous avons signalés plus haut.

Ces deux intentions se trouvèrent parfaitement remplies ; et cette expédition vraiment gigantesque, en ce que ses résultats, en cas de succès, devaient aller au-delà de tout ce que l'imagination peut s'en former, fut ordonnée et exécutée par les plus grands efforts de génie et d'habileté, et avec tous les soins et les sacrifices auxquels l'étendue de son objet pouvait disposer.

Des savans, des artistes les plus distingués, enivrés aussi de l'esprit de conquêtes qui leur est particulier, se jetèrent en foule sur les nombreux bâtimens qui étaient préparés pour les recevoir, et se livrèrent avec joie à tous les hasards et les dangers auxquels ils devaient être exposés.

Cette flotte brillante, chargée des regrets et des espérances de la patrie, mit enfin à la voile, au bruit des salves, des fanfares et des acclamations universelles. Elan sublime, et qui caractérise bien une nation avide d'exploits et de merveilles!!

Le directoire, se trouvant alors dégagé de toute inquiétude, s'empressa de reprendre ses erremens accoutumés ; il recommença ses tâtonnemens, ses proscriptions alternatives, jusqu'à ce que, parvenu à affaiblir par de nouveaux excès les heureux effets du 18 fructidor, il pût en venir à les détruire entièrement par un autre coup d'état : il fut frappé le 22 floréal, *de par la loi*, qui exclut des deux conseils plusieurs députés distingués par leurs lumières et leur patriotisme.

C'est ainsi que pendant que Bonaparte se voyait, avec l'élite de nos braves, éloigné du théâtre de leur gloire, et après avoir vu se consommer sous leurs yeux le sacrifice des restes d'une marine puissante, le gouvernement de la république, livré par continuité à la merci d'intrigans habilement perfides, et d'un essaim de spéculateurs que les lois et une surveillance rigoureuse des deux conseils gênaient dans le développement de leurs insignes talens, et qui ne soupiraient qu'après un état de choses qui pût sanctionner leurs désordres et en autoriser de plus grands, ce gouvernement, tourmenté du désir de conserver le pouvoir, et porté par cet aveuglement et par des efforts plus ou moins

directs à la contre-révolution entière qu'il re-
doutait, cherchait de tout côté un militaire assez
fort pour une entreprise aussi difficile, mais
surtout assez docile et assez prudent pour ne
rien compromettre de ses chers intérêts, et mé-
nager ceux de ses nombreux acolytes : aucun
des généraux qui furent sondés à ce sujet ne
parut satisfaire à toutes ces conditions.

Les craintes des directeurs, auxquels il eût
fallu si peu d'efforts et quelque courage pour
faire le bien, devenaient cependant trop sérieuses
chaque jour ; la justice nationale les menaçait ;
il y avait peu d'instans à perdre pour prévenir
son éclat ; mais la faction qui les dominait dut
les faire agir contre eux-mêmes, pour s'assurer
une majorité qu'elle pût entraîner plus aisément
à la ruine de la république.

Il fallut, pour cela, faire entrer les deux conseils dans ce désastreux projet, en excitant la gé-
néreuse opposition qui s'y était formée, à se livrer
aveuglément à la mesure spécieuse qui lui fut
indiquée comme un moyen de parvenir aux réformes qu'elle réclamait. On la fit contribuer enfin, par son vote, à l'élimination du directoire de
trois de ses membres, dont on pouvait espérer
encore, et à leur en substituer d'autres, bien
intentionnés sans doute, mais que leur ignorance

du véritable état des choses, et leur trop facile complaisance devaient faire tomber dans tous les piéges qui leur seraient tendus.

Libre alors de toutes entraves, le directoire, d'accord avec quelques députés, se décida, non sans peine, à recourir encore à la protection de Bonaparte, qu'il tira enfin de son honorable exil ; présumant que les échecs qu'il venait d'y éprouver et la position périlleuse dans laquelle il laisserait son armée le rendraient moins confiant et plus facile.

Loin de là, l'opinion lui était devenue encore plus favorable, par cette prévention assez bien fondée, que la perfidie qui l'avait éloigné de la France l'avait suivi en Egypte : c'était à elle, en effet, qu'on se plaisait à attribuer tout ce qu'il y avait essuyé de contrariétés et de revers.

Cet intérêt, joint à celui de la gloire dont il avait couvert le nom français en Italie, et à l'espérance que chacun pouvait concevoir de son retour, lui procurèrent le concert d'empressement et d'allégresse qui l'accueillirent à son débarquement à Fréjus, et l'accompagnèrent jusque dans la capitale.

Toutes ses démarches, dès les premiers instans de son arrivée, prouvèrent assez qu'il avait une ancienne et parfaite connaissance de ce qu'on attendait de lui. Il s'aperçut encore mieux que le parti royaliste, auquel les oscillations directoriales avaient toujours présenté des chances, oublirait bientôt tous ses mauvais traitemens s'il voulait, oubliant à son tour les outrages continuels qu'il en avait reçus, l'appeler au partage de la fortune, des places et des dignités dont il s'attendait à pouvoir disposer bientôt tout à son gré.

Il se jeta donc dans cette double intrigue : le complot fut formé, les conditions établies, et le 18 brumaire en scella l'engagement, et en remit tous les moyens d'exécution dans les mains de Bonaparte.

Nous avons tracé ailleurs, dans la plus exacte vérité et dans le sentiment de nos principes et de nos devoirs, les circonstances les plus remarquables de ce coup d'état étonnant, en cela surtout que, bien qu'il fût préparé et soutenu par toutes les forces militaires et de police dont on put disposer, aucun n'a été aussi près d'échouer, tant un gouvernement représentatif est fort par son seul caractère, et alors même que les rênes en sont remises, comme cela existait malheureusement, à des hommes qui ont entièrement perdu la confiance !

Toutefois, le premier désir des principaux artisans de cette funeste déviation fut, selon leur habitude, de se reconstituer en pouvoir ; mais ils en remontèrent un cette fois et plus fort et plus *tranchant*, sous lequel il ne leur resta d'autre parti à prendre que de s'y ranger.

Dès ce moment, en effet, la scène change : l'on n'y voit plus que Bonaparte donnant sa constitution, la faisant présenter à l'acceptation du peuple, organisant les autorités qu'elle établissait, appelant à les composer ce que la France offrait de plus considérable en réputations de tous genres, et substituant aussitôt sa volonté unique aux projets incohérens et à des prétentions personnelles plus ou moins injustes et déraisonnables qu'il venait de réduire à une entière nullité.

Le parti subjugué ne manqua pas cependant de se présenter. Pourvu de cette souplesse qui lui permet les transformations les plus étranges, l'on vit de faibles dominateurs devenus d'empressés courtisans, s'introduire partout, parvenir à se faire placer à leur plus grande convenance, en se promettant bien surtout de se conduire toujours selon les temps et d'après leurs anciennes rubriques.

De son côté, l'attention de Bonaparte fut de ne point économiser sur les frais ; pensant du

moins que ce moyen les retiendrait dans la soumission dont il croyait encore avoir besoin. Il en
usa avec la même profusion à l'égard de quicon-
que vint lui offrir ses talens ou son bras, quelqu'opinion qu'il eût partagée et de quelque manière qu'il l'eût soutenue.

L'on conçoit aisément tout ce que ces séduc-
tions exercées sur une multitude d'individus jaloux de parvenir et de se distinguer durent avoir de
succès. Mais Bonaparte en obtint un, le plus flat-
teur pour lui, et dont l'humanité eut le plus à
s'applaudir, ce fut d'arrêter le cours des désordres et des sanglantes exécutions qui avaient re-
pris dans quelques départemens : la guerre ci-
vile et les bandes d'assassins royalistes disparu-
rent encore, par sa présence, du sol français,
au moyen seulement de quelques mesures militaires de simple précaution, et qui n'eurent
qu'une courte durée.

Il ne lui fut pas aussi facile de remplir l'engagement qu'il avait pris, à la face de l'Europe,
de mettre la France en paix avec elle : la guerre
extérieure lui était d'ailleurs nécessaire ; elle était
pour lui le principe de vie : elle devait lui procurer l'avantage, en agrandissant la sphère des
ambitions particulières, de reculer les limites de
la sienne : il savait bien au surplus ce qu'il en

avait recueilli d'honorable sous les étendards de
la liberté, et ce que des Français étaient capables
d'exécuter encore pour un genre de gloire, d'un
ordre inférieur sans doute, mais plus propre à
satisfaire ce penchant naturel à l'homme qui le
porte à payer d'une obéissance aveugle le droit
de l'exiger à son tour. Admirable hiérarchie!
qui nous a valu cependant la Saint-Barthélemi,
les dragonnades, les mitraillades, les fusillades,
et autres barbares exploits qui furent toutefois
l'occasion d'obtenir un homme immortel, au
petit nombre de ceux qui eurent le courage de
la méconnaître! Que d'inconséquences, que de
contradictions dans notre manière de considérer
les choses les plus graves!....

C'est enfin selon ce principe de soumission
passive, et en donnant à la discipline toute la
sévérité dont elle est susceptible, que Bonaparte
organisa une armée formidable, et qu'il se pré-
para de nouveaux triomphes en Italie, où il se
porta en personne, par un mouvement, et avec
des forces imprévues, propres à assurer les avantages qui venaient d'être obtenus sur l'ennemi.

Le succès le plus brillant couronna son entreprise; la victoire de Marengo lui rouvrit la carrière; ses résultats étonnèrent et la France et
l'Europe : la liberté du monde fut encore une

fois remise en ses mains! Il l'eût assuré sans doute, s'il avait été pénétré d'un véritable amour pour elle, ou peut-être encore s'il y eût reconnu plus d'obstacles; car il en faut absolument aux esprits ardens; les routes communes ne leur présentent que monotonie, que dégoûts; elles leur procurent l'engourdissement : les embarras, les anxiétés, les terreurs même satisfont à peine à l'énergie, on pourrait dire à la *sur-exaltation* des facultés qu'ils doivent employer pour les surmonter.

Il est possible encore qu'il reconnût quelques dangers à heurter les passions et les intérêts qu'il avait servis d'abord. C'est du moins cette fausse politique que lui supposèrent des hommes qui étaient entrés dans son cortége avec des intentions modératrices, et favorables à la liberté : quelques-uns l'abandonnèrent; d'autres ne cessèrent d'espérer, et y restèrent, sans en obtenir plus d'avantages. Bonaparte entraînait tout, comme il était entraîné lui-même, sans qu'il lui fût possible de prévoir où il s'arrêterait, et encore moins le moment où il y serait forcé.

Il est inutile, au surplus, que nous retracions la suite d'événemens auxquels tant de moyens l'ont mis à même de commander pendant quinze années. Un état de guerre presque continuel, et soutenu avec la même constance de fortune, si l'on peut appeler ainsi une tactique impétueuse et meurtrière, toujours mise en usage, et toujours couronnée du plus étonnant succès. Joignons à tant de hauts faits militaires, et comme formant au milieu d'eux de simples temps de repos, son élévation du consulat à l'empire, la couronne de fer placée sur sa tête, son sacre, son alliance avec un monarque puissant, réduit aux derniers abois ; des trônes élevés au profit de princes du second ordre, et en compensation de leurs défaites ; d'autres donnés en apanages à sa nombreuse famille ; sa dynastie paraissant assurée par la naissance d'un fils, proclamé roi avant même d'avoir reçu le jour. Tous ces faits, et beaucoup d'autres moins remarquables, ne peuvent pas non plus appartenir à la destinée : ils doivent provenir d'une grande connaissance des hommes, du tact parfait qu'il avait de distinguer de quoi ils étaient capables, et de la résolution que doit prendre toujours celui qui s'est placé, et se trouve compromis dans les voies de l'ambition, d'employer également, pour parvenir à ses desseins, leurs vertus et leurs vices.

Mais la plus grande habileté de Bonaparte, celle dont il a tiré presque tous ses avantages, c'est d'avoir su entretenir le courage de ses soldats au milieu de fatigues, de dangers et de privations de tout genre. Quelle confiance, quel abandon leur inspiraient ses discours, d'une éloquence militaire aussi rare que lui-même ; c'est-à-dire, aussi ferme que son caractère, aussi rapide que ses mouvemens, aussi entraînante que le fatalisme dont il était préoccupé, et avec cela aussi simple que ses habitudes privées, et surtout son costume. Prestige tout nouveau, qui le fit surnommer le *petit caporal*, titre familier, populaire et vraiment magique, sous lequel il s'était avancé, et touchait de si près à la domination universelle ! ! ! lorsque tout à coup, la nature, qui l'avait favorisé si long-temps, vint l'accabler de l'un de ses plus cruels fléaux, détruisit sa force dans tout ce qu'elle avait de plus réel et de plus précieux, et rompit tous ses enchantemens.

Et en effet, depuis l'épouvantable catastrophe de Moscou, Bonaparte ne nous présente plus que l'agonie d'un corps le plus robuste, et le plus éminemment vivace qui puisse se concevoir, qui tombe frappé d'un coup mortel, d'un état convulsif des plus fatigans dans une atonie désespérante, se relève cependant en donnant encore tous les signes de son ancienne vigueur, et retombe pour attendre dans une horrible

langueur un dernier soupir qui doit servir encore à prouver l'influence attachée à son être,
et par de là même son existence : c'est ce que
nous allons chercher à établir.

SECONDE PARTIE.

A p r è s l'analyse, trop faible sans doute, que nous venons de donner de tant d'événemens mémorables, qu'il nous soit permis d'entrer dans l'examen annoncé de l'effet, qu'a produit sur la révolution française et sur la société en général, l'action particulière de l'homme justement appelé l'homme extraordinaire.

Il est certain d'abord qu'il a eu deux modes d'existence bien distincts, dont le 18 brumaire est le nœud. C'est de ce point en effet que le trait, considérablement affaibli, fut lancé avec une nouvelle force, mais dans une direction reconnue bientôt dangereuse et fausse par les amis de la liberté, et qui cependant, par l'effet des contraires et des résistances, semble avoir été ramenée vers son premier but, en donnant même l'espoir de l'atteindre avec des avantages plus étendus et plus assurés.

Si nous avons d'ailleurs assez dit pour une réputation que les talens et les arts ont déjà célébrée avec toute leur pompe et leur éclat, à quoi

servirait de rappeler les malheurs publics et
particuliers auxquels ont donné lieu l'exagération, et quelquefois l'injustice des moyens em-
ployés pour opérer de si grandes choses? Pour-
quoi parlerions-nous des désastres qui les ont
suivies?... Laissons à l'étranger, qui en a souffert
aussi; et bien qu'il en ait tiré des satisfactions
surpassant les dommages, laissons-le se com-
plaire dans des souvenirs et des récits d'autant
plus fatigans pour la France qu'elle put craindre, après tant d'événemens contraires, de ne
pouvoir recouvrer sa liberté, qu'elle avait si chè-
rement payée, et sacrifiée si indiscrètement à
à l'esprit de conquête que lui avait inspiré Bo-
naparte. Faudrait-il rapeler à ce sujet les inquiétudes qu'elle témoigna à l'époque du 20
mars?....... Ce ne fut pas assurément l'évasion
du prisonnier de l'île d'Elbe qui occasionna la
fermentation que lui fit éprouver sa présence
sur un territoire qui déja n'était plus sacré. Ce
n'est pas non plus contre la dynastie des Bour-
bons qu'elle s'arma; ce fut uniquement parce
que les acclamations dont ils avaient été accueil-
lis, et auxquelles s'étaient mêlés les noms du
vertueux Louis XII et du brave et bon Henri
n'avaient pas été bien entendues, ni les vœux et
le besoin principal qu'elles exprimaient assez

bien compris, et que Bonaparte s'annonça comme voulant y satisfaire en reprenant en main l'étendard, et en parlant le langage de la *liberté*.

Observons toutefois combien, à la suite de tous les désordres auxquels il succéda le 18 brumaire, il dut trouver de facilité à réveiller, et s'emparer de tous les moyens développés par le patriotisme pur des beaux jours de quatre-vingt-neuf qu'avait dénaturés la trop funeste époque de 93, et à laquelle une suite d'horribles réactions avait fait succéder un dégoût et une indécision qui rendaient le peuple français susceptible de toute impression nouvelle, pourvu qu'elle le flattât d'interrompre cette série de calamités. Il dut compter aussi, et par ces mêmes motifs, sur l'appui du parti royaliste, lorsque, dans cette vue sans doute, il proclama, le 20 brumaire, après s'être opposé à la proscription des députés qui lui avaient été contraires, que la révolution était finie, selon les principes qui l'avaient commencée : car les idées républicaines, que la résistance seule avait fait naître, étaient sans consistance alors : c'était donc annoncer assez clairement ses dispositions en faveur du gouvernement monarchique.

Cette déclaration produisit tout son effet, et l'armée, qui entrevoyait dans une nouvelle organisation plus d'avantages et de stabilité pour elle; rassurée d'ailleurs en se voyant conserver ses chefs et ses étendards , s'y attacha avec un nouvel empressement.

D'un autre côté, la jeunesse ne put manquer de céder aux illusions flatteuses que faisait naître en elle la présence au gouvernement d'un homme jouissant d'une aussi brillante réputation : élevée dans les principes non encore bien arrêtés de la révolution , elle n'y avait rien reconnu de plus important que les actions de Bonaparte ; elle la voyait tout entière en lui seul.

De toutes ces circonstances et forces combinées ensemble, et sans avoir égard à leur valeur propre ou relative , il en résulta néanmoins une puissance militaire et politique que chaque jour rendait plus formidable, et que les efforts de toute l'Europe, d'abord coalisée contre la révolution, puis contre l'homme redoutable qu'elle avait créé, ne firent qu'accroître, sans lui ôter cependant son caractère originaire : c'était un écart, et non une rétrogradation de son principe.

Cela est si vrai, que les coalitions qui ont continué d'avoir lieu sous le gouvernement de Bonaparte, ont insensiblement changé de nature;

et que pour se battre contre lui à armes égales, il n'a pas suffi aux puissances étrangères de styler leurs soldats à la française, mais qu'il a fallu les pénétrer du même enthousiasme et du même sentiment national auxquels Bonaparte avait donné plus d'ardeur et d'intensité en les associant aux prestiges de la gloire, à la confiance en sa fortune et à l'appât toujours enivrant des honneurs et des richesses.

Il est encore utile d'observer qu'en même-temps que l'emploi de ces moyens, tous révolutionnaires, préparait à l'étranger des succès qu'il n'avait pu espérer jusqu'alors, les Français semblaient perdre proportionnellement de la force qu'ils en avaient tirée contre lui; et cela par un effet de communication, par une espèce de transfusion ou de *contagion*, si on le veut absolument, qui ne tendaient qu'à mettre en équilibre et non à détruire l'énergie partriotique de leurs premiers efforts, et en affaiblissant de plus en plus les armes du vieux despotisme européen.

C'est cet équilibre établi, et non des défaites, que Bonaparte a caractérisé lui-même en ce peu de mots : *Ce sont les idées libérales qui m'ont renversé*, qui doit éteindre les feux de la guerre et les rendre impossibles à rallumer, si ce n'est dans le cas de résistances particulières, que chaque peuple pourrait encore éprouver pour parvenir au but commun qu'ils se proposent tous, d'*indépendance* et de *liberté*.

Les nations n'ont plus aujourd'hui que cette pensée; elles n'éprouvent que ce besoin; elles ont fait échange d'infortunes et de douleurs, elles ne veulent plus qu'une communauté de paix, une réciprocité de secours, un accord et une liaison de tous leurs intérêts selon la justice, et sous les seules modifications exigées par la nature des choses.

Et en effet, la France ayant d'abord conquis ses droits, injustement contestés par l'Europe entière, est tombée bientôt dans le même égarement, et l'Europe s'est vue forcée de les conquérir à son tour sur la France. Il n'y a donc plus de lutte raisonnable et possible sur ce point capital, et les peuples sont restés maîtres et souverains arbitres de leurs destinées. C'est un décret que le dernier vaincu a porté par son entière soumission aux conditions qui lui ont été imposées; il sera exécuté aussi fidèlement que ceux qui lui avaient commandé vingt-cinq années de victoires ! . . . .

Tel est heureusement l'état de la politique à l'instant où nous écrivons; et l'ambition de Bonaparte, par la force du parti proprement dit révolutionnaire qu'il s'était formé, y aura éminemment contribué.

Veut-on s'en mieux convaincre ? Observons que ce que l'effervescence générale n'a pas permis d'exécuter le 10 août, la terreur y avait disposé, thermidor l'avait rendu facile, et 1200 hommes bien déterminés l'auraient opéré aux 13 vendémiaire et 18 fructidor; nous voulons dire la contre-révolution entière et parfaite. Eh bien! depuis le 18 brumaire, où elle pouvait encore s'essayer avec avantage, et après quinze années du gouvernement le plus robuste et le plus absolu qui ait jamais existé, l'ancienne dynastie, accueillie par la nation avec empressement, entourée de toutes les forces qui lui étaient restées le plus dévouées, et protégée par celles de l'Europe entière, jugea bien qu'elle ne pouvait l'obtenir en 1814, et elle est devenue, par l'événement plus malheureux encore de 1815, encore plus impossible.

La vérité veut aussi que nous disions qu'à cette dernière époque Bonaparte, qu'avaient délaissé de plus en plus ceux dont il n'avait pas rempli les intentions justes et libérales, et abandonné avec plus de danger encore par d'odieux intrigans qu'il avait cru pouvoir maintenir dans le devoir par ses largesses, dut tomber dans un

isolement et des écarts dont ne pouvait le garantir le petit nombre de ceux qui lui étaient
restés fidèles.

Il en donna un témoignage bien signalé au
moment de sa réinstallation aux Tuileries, lorsqu'on le vit détremper ses armes au moment
où il se disposait à combattre, et cela par un seul
acte qui ne pouvait que le compromettre davantage, et avec lui un grand nombre de Français
que cette faute a condamnés à des sacrifices et à
des douleurs dont ils sont encore affectés.

Il dut donc la couronner en s'abandonnant,
après le désastre de Waterloo, à la générosité du
gouvernement anglais, son plus cruel ennemi,
qu'il parut en cela moins redouter que ceux
que la plus noire ingratitude lui avait suscités.

Mais.... c'en est assez.... Jetons un voile sur
une époque couverte aujourd'hui d'un crêpe
funèbre ; et, rentrant dans notre sujet, nous
dirons : A quoi bon s'entretenir de toutes ces
souffrances, si elles doivent nous conduire à un
bien-être plus assuré ? Compte-t-on ses sacrifices
lorsqu'on peut espérer autant ? N'auront-ils pas
été utiles, indispensables peut-être ? Il est au
moins avantageux de se le persuader pour obtenir le calme des esprits propres à rendre au
corps social toute sa vigueur.

Observons en effet que, bien que la révolution nous ait paru, dès ses premiers momens, parvenue à un degré de développement suffisant pour en retenir tous les fruits, elle n'en serait pas moins restée, dans cet état, un sujet permanent d'inquiétudes pour les pays environnans, gouvernés encore par l'arbitraire, et le feu sacré de la liberté, ainsi concentré, pouvait finir par y être étouffé sous des efforts sans cesse redoublés.

Il a donc fallu peut-être que la guerre, toujours déplorable par les maux qu'elle entraîne après elle, nous fît connaître les dangers et les forces de cette opposition; et la victoire, et l'abus même que nous en avons fait ont concouru également à obtenir cette universalité du vœu des nations qui détruit naturellement la cause de nouvelles discordes à ce sujet.

Que reste-t-il donc à faire, selon nous, à ceux que la faveur, le mérite, ou seulement leurs intrigues, placent dans le conseil des souverains? C'est de céder à une aussi vaste et aussi forte impulsion. Ils ne sauraient mieux faire que de régler leur conduite sur cette vérité de fait, c'est que les préjugés, les prestiges et les terreurs ont, tout aussi-bien que les futiles prétentions et les sottes vanités, perdu tout crédit sur l'esprit des peuples; les événemens de nos trente années de révolution ont décomposé tous les faux systèmes et détruit toutes les illusions.

N'avons-nous pas vu en effet des géans de gloire et de renommée, ainsi que des fortunes colossales, s'élever du milieu de nous; beaucoup de noms honorables, et d'autres obscurs, échangés ou surchargés de noms de circonstance et de titres pompeux; des décorations prodiguées jusqu'à satiété, sans que toutes ces superfétations sociales et cet éclat puissent rien obtenir des hommages et de la considération dont ils furent l'objet en d'autres temps? et cela parce que ces improvisations nous ont mis à portée d'apprécier le mérite des atomes et les conditions d'agrégation qui concourent le plus ordinairement à la formation de ces sortes de grandeurs.

Que pourrait-on ajouter à cette remarque, lorsque l'on vient de voir l'industrie, recherchant autrefois, et obtenant souvent par les moyens les plus vils ces faveurs du pouvoir, les repousser, aujourd'hui qu'elle est éclairée, et qu'on prétendrait encore les rendre incompatibles avec elle (1)?

---

(1) Conduite *hautement noble* et patriotique de l'honorable député M. Ternaux.

C'est bien certainement Bonaparte qui, dans une intention opposée sans doute, a avancé cette expérience : l'appareil en était dressé depuis long-temps ; mais il a fallu une force comme la sienne pour en mettre toutes les parties en mouvement, et ramener, par une espèce de violence, les choses à leur vraie valeur.

Il a fait sortir également une paix assurée des plus furieux tumultes de la guerre ; car les Français seraient encore excités en ce moment à lever d'innombrables armées, à enfanter encore des héros , à couvrir leur sol de trophées et de monumens , à y attirer d'immenses richesses pour nourrir une excessive somptuosité, à remplir leurs vastes dépôts des productions du génie de tous les lieux et de tous les âges, qu'ils ne verraient rien de plus étonnant que ce qu'ils ont vu , et qu'en considérant l'étendue des sacrifices toujours nécessaires pour obtenir d'aussi immenses résultats, rien ne pourrait les décider à recommencer une aussi brillante, une aussi fatigante entreprise.

Elle leur serait d'abord impossible à renouveler, puisque l'opposition, qui les a portés si loin de leur premier but, ne peut plus avoir lieu, ainsi que nous l'avons remarqué de la part de peuples qui ne veulent plus eux-mêmes que ce que voulait la France lorsque la guerre a commencé.

Bonaparte a dû se convaincre de même de la fausseté des doctrines sur lesquelles il établit sa puissance; il lui a été facile de juger aussi que la révolution, que l'action surtout qu'il a exercée sur elle avait entièrement changé l'état des choses et des esprits; et que l'Europe n'obtiendrait de repos que sur les bases que la France a posées dès long-temps, et qui ont acquis plus de solidité par l'ébranlement même qu'il leur a causé.

Si, pour en venir là, il a tour à tour excité l'admiration et le blâme, il est certain que ce n'est point aux amis de la liberté, à ceux même qui auraient eu le plus à s'en plaindre, à en conserver aucun ressentiment, puisque la crise qu'il a provoquée et qui a fini par faire son malheur personnel, doit tourner à leur avantage; et que c'est autant, enfin, par les services qu'il a rendus à leur cause, que par ce qu'il a pu y faire de contraire, qu'il en est venu à y associer le monde civilisé.

L'on ne devrait guère s'inquiéter, en effet, des dispositions plus ou moins favorables de ceux qui le gouvernent; les mieux inspirés se montreront les plus faciles. C'est assez quils aient été obligés, pour se soustraire au joug de Bonaparte, de prendre des engagemens qu'il est de leur honneur de remplir, et qui seront remplis, parce que, dès-lors que les droits des nations ont été aussi formellement reconnus, leur ascendant moral seul doit les en faire jouir tôt ou tard, et les leur garantir pour toujours.

Ajoutons que si l'influence de Bonaparte leur a préparé cet heureux sort, elle ne s'est pas bornée à cette partie du monde; elle a encore fixé pour de longs siècles celui de États-Unis, par l'exagération de tous moyens, à laquelle cette importante diversion a forcé l'Angleterre pendant plusieurs années.

Elle a, non moins sensiblement, hâté l'émancipation de l'Amérique méridionale et des Antilles, soit par la trop fatale expédition de Saint-Domingue, soit par les violences exercées envers l'Espagne et le Portugal, qui ont laissé long-temps ces métropoles sans action sur leurs colonies.

L'Afrique et l'Asie n'ont-elles pas aussi ressenti les effets de cette influence; et les violentes secousses qu'éprouvent quelques-unes de leurs parties qui nous avoisinent, et le caractère des insurrections qui s'y développent en ce moment, n'annoncent-ils pas que l'indépendance et la liberté en sont les motifs ou les prétextes ? Ce qui équivaut, parce que l'on ne se joue pas en pareille matière, et que l'expérience est acquise ; que les excitations comme les résistances conduisent au même résultat, qui doit être le repos des nations dans l'ordre constitutionnel.

Tout ce qui s'est passé enfin depuis que cette impulsion, d'autant plus forte qu'elle s'est unie à l'effervescence des plus nobles comme des plus fougueuses passions, a été arrêtée, n'annonce-t-il pas que, malgré tous les obstacles qu'on tenterait encore de lui opposer, la révolution française n'en poursuit pas moins la route que lui a tracée le génie de Mirabeau ? et que l'Hercule français n'a fait que déblayer ; et elle aura, n'en déplaise à nos respectables rivaux, un bien autre résultat que la leur : nous ne pensons pas du moins qu'il soit indiscret de l'annoncer.

Elles eurent à la vérité cela de commun, d'être occasionnées par des désordres intérieurs, et par le choc des ambitions et des intérêts ; mais elles présentent dès aujourd'hui cette différence très-remarquable, c'est que la révolution d'Angleterre, qu'on se plaît à annoncer comme entière et parfaite, n'a produit que des avantages qui lui sont particuliers. Elle a agrandi, en effet, ses relations commerciales, en usurpant, d'une manière très-libérale, l'empire des mers ; et en même-temps que sa politique a renversé dans l'Inde des gouvernemens légitimes, pour y substituer la tyrannie de ses comptoirs, elle a entretenu en Europe, pour l'utilité de ses fabriques et de ses marchands, de continuelles discordes, et promené la désolation.

Il est cependant vrai de dire que sa philantropie l'a décidée à abolir la traite des noirs, lorsque cet épouvantable trafic a eu moins d'utilité pour elle ; et qu'au contraire il pouvait être encore indispensable pour d'autres puissances coloniales non encore préparées à ce grand acte d'humanité.

Faudrait-il s'édifier aussi de voir le cabinet, seul auteur de toutes ces merveilles, se jouer, avec un habileté vraiment rare, et un succès plus étonnant encore, des principes d'indépendance, de liberté, de légitimité, de propriété, et admirer cette souplesse qui lui fait soutenir la tolérance en tels lieux, exciter le fanatisme en d'autres, et, schismatique intolérant chez lui, protéger Rome contre les mécréans, le tout selon ce que les calculs de son *Barême* lui présente de profits ou de pertes ?

Tout cela est fort beau, sans doute ; et la prépondérance que la diplomatie anglaise a exercée

à Vienne dans le marché d'hommes qui s'y tint
en 1815, bien qu'ils fussent de la couleur pri-
vilégiée, ne saurait décolorer ce tableau.

Mais, s'il est vrai cependant que ce soit là les
principaux fruits que l'Angleterre ait retirés de
sa révolution; si dans tout ce que la nôtre a eu
de plus funeste, nous voulons dire l'effusion du
sang, nous n'avons fait que nous modeler sur
elle, ou nous abandonner aux excitations bien
avouées de ses ministres; qu'il leur soit permis
d'en tirer gloire; mais nous n'en sommes pas
moins en droit de leur en attribuer tout l'odieux
et d'en accuser hautement l'impitoyable olygar-
chie qui les soutient et les inspire. Il n'est pas
jusqu'à notre restauration qu'elle n'ait cherché
dès le premier moment, et qu'elle ne cherche
encore à détourner du but loyal et juste que se
proposa toujours la nation française dans les excès mêmes qu'on lui reproche avec trop d'amertume, et auxquels elle a toujours été entraînée
contre son intérêt et sa volonté.

Mais, qu'il suppute aujourd'hui, ce gouvernement essentiellement spéculateur, ce que lui
ont coûté les agens de toutes classes de ses horribles complots, ses machines de destruction,
tirées à grands frais de l'arsenal des enfers; qu'il
ajoute à ce calcul tout ce qu'il a payé pour le

sang et les larmes de tant de peuples aveuglément excités d'abord contre la révolution de
France, et ensuite contre cette même révolution
en personne, il verra; et qu'il juge lui-même si
nos reproches sont fondés.

Car, si l'homme qui nous occupe, dont la
ruine n'a coûté si cher que parce que Monk ni
Olivier Cromwel ne purent lui servir des mo-
dèles, et qu'il ne sut dissimuler en aucun temps
sa haine des principes qui dirigent depuis long-
temps le cabinet de Saint-James; si cet homme a
donné au monde l'exemple de ce que peuvent
une ambition et une force sans mesure, l'on
serait fondé à avancer que si ses erreurs, ses
excès, que si tout son despotisme, enfin, devait
trouver son excuse, ce serait dans le but honorable, qu'il se proposa toujours d'affranchir
l'Europe du joug du ministère anglais sous lequel elle pousse, depuis plus d'un siècle, d'inu-
tiles gémissemens.

Toutefois, en renversant le colosse despote, le
despotisme a été partout ébranlé, et il ne saurait
être exercé long-temps encore au nom d'un
peuple puissant et respectable qui a des comp-
tes rigoureux à demander au gouvernement,
que sa politique a fatigué de sacrifices et acca-
blé de charges au-dessous de toute proportion

avec les produits de son sol, joints à l'immen-
sité de ceux que lui procure l'étendue de son
commerce.

Ne faut-il pas encore qu'il lui donne satis-
faction des atteintes portées à ses libertés, des
résistances qu'il oppose à l'amélioration de son
sort, et qu'il se justifie de la violation du droit
des gens et de ceux de l'humanité, dont il s'est
rendu hautement coupable, en retenant contre
les principes les plus sacrés, un ennemi dé-
sarmé qui s'était livré à sa générosité. Ne faut-il
pas..... Mais laissons au temps à amener et à la
justice éternelle à prononcer sur des intérêts qui
nous sont étrangers; mais qui, sous plusieurs
rapports, doivent cependant fixer l'attention de
la société entière!

Laissons donc encore les orateurs de l'oligar-
chie anglaise s'exhaler en injures et en calom-
nies contre la France; oublions qu'ils osèrent
invoquer dans ses temps les plus malheureux
l'opinion avancée dès l'origine de la révolution,
de la nécessité de son partage; vaines et ridicules menaces, projet aussi insensé que le serait celui de rendre à l'Angleterre son hepthar-
chie légitime!

Non, très-nobles Lords, la France restera
entière et libre; entière, parce que l'adhérence

actuelle de ses parties, et l'intimité des rapports qui existent entre elles rend leur division impossible : elle restera libre, parce que telle est sa volonté absolue. D'ailleurs, elle croit l'être plus que votre pays, que vous retenez encore dans la chaîne féodale des ordres du jour de Jean-sans-Terre, et que vous avez un même soin de maintenir dans un respect religieux pour vos plus barbares antécédens, ainsi que dans les admirables fictions auxquelles s'abandonne un peuple placé mieux qu'aucun autre pour jouir dans la plus grande sécurité de la plénitude de ses droits.

Peut-on le voir cependant sans étonnement vous les sacrifier, pour ainsi dire, au plaisir qu' vous lui laissez de vous adresser souvent de scandaleux reproches, de vous bafouer dans des caricatures et des pamphlets, de couvrir, quand il lui plaît, vos personnes et vos voitures de boue et de huées ; plaisir qu'il s'empresse au surplus de racheter quelquefois par l'humiliation de s'atteler de lui-même à vos chars pour vous y faire goûter les douceurs du triomphe.

Convenez enfin, car vous êtes trop éclairés pour ne pas le reconnaître ; convenez que nous sommes plus avancés que la nation que vous dominez, dans les voies de la vraie liberté, et que les obstacles que nous éprouvons encore pour arriver au terme que nous ambitionnons, ne proviennent en grande partie que de la crainte jalouse que vous en avez toujours conçue.

Nous avons encore mieux compris l'embarras que vous occasionnent les efforts qui se font en plusieurs lieux pour obtenir ce précieux avantage, lorsqu'à la nouvelle qui se répandit il y a quelque temps de l'évasion de l'illustre prisonnier que vous reteniez à Sainte-Hélène, l'un de vous s'est écrié : *que la liberté qui lui serait rendue consoliderait la démocratie en Europe.*

Certes, cet orateur ne voulut pas dire qu'il fût dans les opinions et la volonté de Bonaparte de servir ce système : qu'exprima-t-il donc? si ce n'est que sa présence partout où il se fût montré, eût éveillé infailliblement ou augmenté l'énergie des peuples dans la défense des droits qu'ils ont intérêt à conserver, ou dans la poursuite de leurs efforts de la part de ceux qui sont en voie de les conquérir. N'ont-ils pas été garantis à la plupart pour prix de leurs sacrifices dans la lutte élevée contre lui? et ne sont-ce pas les refus ou les restrictions qu'on veut y apporter qui eussent appelé naturellement l'intérêt sur sa personne?

C'est assurément de cette manière que le noble lord l'a entendu ; nous l'en remercîrons, puisque sa pensée se trouve parfaitement d'accord avec nos idées sur l'influence que Bonaparte a exercé sur la révolution.

Oui, nous en sommes intimement et fortement convaincus, c'est son action qui a élevé son vol, l'a fait planer sur les deux mondes ; c'est cette action qui, en procurant aux Français mille angoisses, a cependant tellement rehaussé leur caractère et toutes leurs facultés, et les a si complétement saturés de gloire, qu'il ne leur reste plus que de grands souvenirs, la conscience de leur forces, et les plus flatteuses espérances.

Tous les ressentimens des amis de la liberté, quels que soient leurs griefs contre lui, et dans quelques contrées qu'ils habitent, ne peuvent plus exister ; s'il dut perdre, en certain temps, de son mérite à leurs yeux ; si, s'étant établi souverain et maître, ils furent en droit de méconnaître et d'attaquer son autorité, lorsqu'ils l'ont vu tomber du plus haut degré des fausses et fragiles grandeurs dans les chagrins et les rigueurs de la captivité, tout a été oublié, excepté ses services, et il s'est trouvé dès-lors honorablement replacé dans leurs rangs. Tout ce qu'il a fait d'utile et de glorieux, ils le réclament, comme étant le prix de leurs sacrifices et de leur dévouement ; ses fautes au contraire, ses plus condamnables excès rentrent dans le domaine de ces pervers qui, après lui avoir élevé des autels, afin de trouver dans leur desserte de quoi satisfaire leur cupidité, les ont ensanglantés, non plus dans l'intérêt de conserver un pouvoir qui leur était échappé, mais dans celui plus lâche et plus criminel de se procurer des justifications et des garanties, dont assurément Bonaparte n'avait aucun besoin pour lui. Pour terminer enfin leur carrière politique par un trait qui ne leur fut pas nouveau, ils renversèrent ces mêmes autels lorsqu'ils leur parurent ébranlés et qu'ils durent craindre pour leurs richesses et pour des distinctions qui, malgré tout ce qu'ils en pourraient prétendre, se sont éclipsées avec la puissance qui les en avait comblés.

Quant à la gloire de Bonaparte, affranchie par le malheur, de tout ce qui aurait pu l'obscurcir, elle s'élève pure et entière du tombeau où l'inexorable destin vient de le précipiter ; elle s'élève pure et entière, pour resplendir à jamais

sur la nation française, et adoucir l'amertume
des regrets qu'ont fait éprouver à ceux-mêmes
qui ont porté le moins d'intérêt à sa vie, les
circonstances trop cruelles qui ont conduit à
la mort, l'un de ses citoyens les plus remarquables, et le plus fameux de ses soldats.

FIN.

DE L'IMPRIMERIE DE P. DUPONT.

ON PUBLIE A LA LIBRAIRIE DE BRISSOT-THIVARS

LES OUVRAGES SUIVANS :

RÉPERTOIRE DES THÉATRES ÉTRANGERS, en français, et en format in-18, caractère neuf de Didot, petit romain petit œil, au prix de 2 fr. le vol. pour les souscripteurs.

THÉATRE ANGLAIS, ALLEMAND, ESPAGNOL, ITALIEN, etc.
On a annoncé, comme faisant partie de notre collection, quoique pouvant en être détachées à volonté :

ŒUVRES COMPLÈTES DE SHAKESPEARE, 12 vol. in-18. Il paraît 1 vol. de trois semaines en trois semaines. Jusqu'au 15 octobre 1821, le prix de la souscription est de 2 fr. par volume ; pap. vélin, 4 fr. : passé cette époque il sera de 2 fr. 50 c. ; pap. vélin, 5 fr.

TABLEAUX CHRONOLOGIQUES DE L'HISTOIRE ANCIENNE ET MODERNE, pour l'instruction de mon fils ; par J. THOURET, membre de l'assemblée constituante, auteur de l'*Abrégé des Révolutions de l'ancien gouvernement français*. — Première partie, depuis les temps les plus reculés jusqu'à l'ère chrétienne. 1 vol. petit in-fol. de 113 feuilles, formant 226 tableaux. Prix, br., 30 fr., cartonné, 32 fr.

ŒUVRES DE MIRABEAU, 8 forts vol. in-8°, pap. fin satiné. Prix, 56 fr. ; non satiné, 52 fr.